그리움의 근처

그리움의 근처

초판 1쇄 인쇄 | 2024년 3월 12일
초판 1쇄 발행 | 2024년 3월 15일

지 은 이 | 이규대
펴 낸 이 | 박세희

펴 낸 곳 | (주) 도서출판 등대지기
등록번호 | 제2013-000075호
등록일자 | 2013년 11월 27일

주 소 | (153-768) 서울시 가산디지털2로 98.
　　　　 2동 1110호(가산동 롯데IT캐슬)
대표전화 | (02)853-2010
팩 스 | (02)857-9036
이 메 일 | sehee0505@hanmail.net

편집 디자인 | 박세원

ISBN 979-11-6066-103-3
ⓒ 이규대 2024. Printed in Seoul. Korea
값 10,000원

• 잘못된 책은 바꾸어 드립니다.

그리움의 근처

이규대 시집

등대지기

시인의 말

나는 가도 가도
닿을 수 없는
거리가 있다.

나는 늘 그 언저리를
서성인다.

2024년 봄
이규대

차례

시인의 말 … 05

제1부

동행 … 13
결을 읽다 … 14
가마꾼 … 15
다시 일어서기 … 16
어느 바닷가 … 18
냉잇국 … 20
수세미 … 22
전봇대 … 24
가을 창가에서 … 25
기다림 … 26
술래 … 28
바다 위의 휴전선 … 30
한 아름의 보리밭 … 32
소라의 빈집 … 33
이팝나무 … 34
모과의 착각 … 36
늦깎이 … 37

제2부

오월의 보리밭 … 41
봄나들이 … 42
불청객 … 44
어머니의 사돈지 … 46
수첩 속의 그 이름 … 48
이별 … 49
정자와 은행나무 … 50
할머니의 외딴집 … 52
봄을 묶는다 … 53
이루지 못한 꿈 … 54
웃는 기와 … 56
늦가을 … 57
봄에 떠난 냉이 … 58
잡념 … 60
위태한 하루 … 62
어머니 강 … 64
가마우지의 한숨 … 66
철마 … 68

제3부

벚꽃 앓이 … 73
내설악 단풍 … 74
휴전선 넘어 … 75
두만강에 서면 … 76
어머니의 한양가 … 78
세 바퀴 리어카 … 80
들국화에게 묻는다 … 82
그래도 가을은 온다 … 84
입간판의 하루 … 85
파도막이 … 86
리어카의 하루 … 88
매향 … 89
가을의 뒷모습 … 90
할머니의 소원 … 92
봄이 오는 길목 … 94
볕뉘 … 96
갯벌 단지 … 98
작은 행복 … 100

제4부

억새꽃 … 105
탄천 둔치 … 106
신년 결심 … 108
고사목 … 110
구도자 … 112
간고등어 한 손 … 114
억새밭에서 … 115
대장간 … 116
손저울 … 118
마지막 가을 … 120
계획 … 121
바람의 화선지 … 122
셔터를 내린 봉제 공장 … 124
횟집 풍경 … 126
산골 웅덩이 … 128
통나무 의자 … 130
후회 … 132

해설 … 135

제1부

동행

세상에서 나를 제일 잘 아는 사람과
나들이 갑니다
나를 많이 닮은 사람과

우리는 오래전에
반쪽을 함께 나누어 가졌고
서로의 목소리는 오랜 시간
세파에 둥글어졌습니다

어느 날 함께 바라본 달 하나가
소나무 가지에 걸려 있습니다
그 달밤을 기억하는 힘으로
우리는 아직도 한길을 갑니다

이 길이 어디서
갈라질지 모르기에
없는 손도 꼭 잡고 갑니다

결을 읽다

고요한 호수에 물결이 인다
건너편으로 바람이 건너는 중이다
언뜻 바람의 뒤태가 보인다

하나가 일면 따라 일고
원을 그리며 멀어진다
갈수록 넓어지는 물의 보폭

가만히 보고만 있어도
온갖 시름이 결에 실려 가뭇없이 사라진다

손끝만 스쳐도 일렁이는 호수
저 호수는 물 밑에 얼마나 많은 파문을 품고 있을까

깃을 치던 물새 한 마리
파문 한 쪽을 물고 날아간다

마음속에 새겨진 풍경의 결
나는 그 결을 만지며
이 쓸쓸한 봄을 건널 것이다

가마꾼

안개비 오락가락하는
천 미터 넘나드는 중국 원가계 산마루
산이 허락한 길이라곤
바위 모서리를 휘도는 비탈진 길뿐이다

몸을 가누기조차 힘든 좁은 길에
가마꾼이 지나간다
발을 헛디디면 천 길 낭떠러지

덩그렇게 가마에 올라앉은 사람은
몇 푼의 돈으로 풍경을 산다

한 발 한 발이 바람 앞에 촛불이다
관광객의 눈길이 가마꾼의 발끝에 꽂힌다
저 두 발바닥은 숨은 돌부리마저 다 외고 있다

구릿빛 팔뚝에 얼굴이 검붉은 중년의 가마꾼
균형을 잡느라 어깨가 휜다

아찔한 풍경이 가마꾼을 먹여 살린다

다시 일어서기

홍수로
흙탕물이 쓸고 간 탄천

그곳에 발붙인 작은 생명들이
모두 한쪽으로 누웠다

냇가 어린 버드나무 뿌리를 드러내고
갈대도 둔치의 수크령*도 다 누웠다

온통 지도가 바뀐 냇바닥
없던 모래톱이 여기저기 보이고
자갈밭이 자리를 옮겨 앉았다

어수선한 둔치

언제 피었는지 보랏빛 자운영이
해사하게 웃고

청둥오리 한 마리가
주위를 두리번거리며

바뀐 물길을 읽고 있다

*수크령: 양지바른 들에 자라는 여러해살이풀 길이는 30~60cm. 8~9월에 줄기 끝에 달리는 원통형의 이삭꽃차례에 적갈색 꽃이 핀다.

어느 바닷가

물새 울음소리
저녁놀에 잦아들고

바다를 낚던 어선도
항구 찾아 돌아가는 해거름
바다는 이제 하루를 접는다

어디서 왔을까
저무는 해변에

여인은 미동도 없이
조금씩 지워지는 수평선을 바라보며
방파제 끝에 말없이 앉아 있다

무슨 사연 그리도 아파
홀로 길을 나섰나
가슴에 묻어둔 풀리지 않는 질문
바다에 던져 보지만
돌아오는 건 파도 소리뿐

<
무심한 파도가 포말을 일으키며
하얗게 부서진다

이내
어스름을 밀어내고
어둠이 바다와 여인마저
지우고 있다

말 없는 저 등이
많은 말을 품고 있다

냉잇국

멀리 있던 봄이 내 뒤뜰까지
걸어왔다
언 땅이 푸석해지고 봄 냄새에
냉이 돋는 소리가 들리면
가슴이 엔다

잃어버린 입맛을 돋우려고
텃밭에서 캐 온 냉이를
뚝배기로 보글보글 끓여 주던
아내가 보이지 않는다

시장에 가서
냉이를 사다 국을 끓이면
향긋한 냄새가 오래전에 떠난
아내의 냄새 같다

아내 치맛자락 같은 아지랑이가
눈앞에서 아른거린다

<
봄이 왔는데 둘러봐도
나의 봄은 없다

수세미

쭈글쭈글하고 기다란 몸속에 감춰진
성긴 그물
몸을 열고 나오자 까만 씨 몇 점 품고 있다

장작불에 삶아 눌러 씨 빼고
말리는 노고 끝에 수세미로 태어난다

이제부터 부엌이 제집이다

좁은 공간에 갇혀
젖은 몸을 말릴 때도 언제나 음지

밀려드는 식구들 감당하느라
올이 죄다 늘어나도
올망졸망 살가운 밥공기 닦을 때는
시름을 잊는다

누렇게 빛이 바래고
기진맥진한 수세미

＜
이 세상 뜬 후 소식 없는
어머니 생각난다

전봇대

미싱사와 시다를 구한다는
다급한 광고문

꼭 연락하라고 전화번호가
일렬로 매달려 있다.

옆자리는 이삿짐 광고문
볼일을 마쳤는지
찢어지고 빛이 바랬다.

허름한 담벼락에 의지하고 선
전봇대

간절한 소원을 달래 주느라
수시로 옷을 갈아입으며
하루를 건너고 있다.

가을 창가에서

문득 누군가 나를 부른다
창을 열면 아무도 없고
가을이 무르익는 소리

한철을 빚어낸 색으로 치장하고
길 떠날 채비를 서두르고 있다

절정의 순간에 손을 놓치고 낙하하는 낙엽
저렇게 가을이 가고 있다

모두 벗어두고 먼 길 떠난 사람
시월의 절반이 기울었다

누군가 쓰다 남긴 가을 한 필
내 낡은 수첩에 챙겨 둔다

기다림

아파트 화단이
봄으로 출렁인다

목련 나뭇가지마다 내건 희고 말간
저 수백 개의 봄에 짧은 시간이
앉아 있다

누가 심었는지 목련 옆 살구나무
구불텅한 가지를 추스려 볼그레한 꽃을 피웠다
촉수를 사방으로 뻗어 봄을 붙잡고 있다

순백과 연분홍
둘은 서로 다르지만 바라보면
내 가슴에 작은 파문이 인다

어디서 날아왔는지 직박구리 한 마리
살구나무 잔가지를 붙잡고 꿀 사랑에 빠지다
인기척에 봄을 물고 날아간다

저 짧은 만남과 헤어짐

<
이 봄
먼 데 있는 사람 찾아올까
꽃그늘 아래 서성인다

술래

보이지도 잘 잡히지도 않는
어딘가에 나를 기다리고 있을 것만 같은
글 한 줄

길을 가면서도
잠자리에 들면서도 생각한다

밤늦도록 책상머리에 앉아
애면글면 매달려 보지만
문은 쉽게 열리지 않는다

어느 서양 문호의 일물일어一物一語
그 길은 가시밭길이다

잡힐 듯 말 듯
그래서 더 안달이 난다

그러다
기약 없는 기다림의 시간 뒤에 오는
짜릿한 선물

<
그 맛에 허기진 나는 언제나 술래

바다 위의 휴전선

강화평화전망대 앞
바다 건너 손에 잡힐 듯한
북녘 땅을 바라본다

나무 한 그루도 지키지 못한
벗은 산이 길게 누웠다

추수가 끝난 빈 들판 머리에
납작 엎드린 농가 몇 채
아무 일도 없다는 듯
시치미 떼지만

난 어느새
네 곁으로 달려가
민머리 어루만지고
살림살이도 슬금슬금 살펴본다.

우리는 언제나 하나
네가 고달프면 내 가슴도 아린다

<
휴전선을 두고 마주한
아득한 시간 속에
이젠 눈물마저 말랐다

저 바다 위의 휴전선은
오늘도 아무 말이 없다

한 아름의 보리밭

허름한 구멍가게 앞
자배기 모양 잿빛 플라스틱 화분
오월의 보리가 파랗다

보리밭을 일구며 살았던
가게 주인의 신분증이다

작달막한 키에
서로 기대어 파란 이삭을 내밀었다

가만히 마주 서니
바람결에 일렁이던
풋풋한 고향 내음이 난다

저 가게 주인은
어쩌다 도시로 흘러와
가난한 이방인이 되었나

얼마나 고향이 그리웠으면
한 평도 안되는 저 땅에
고향을 심었을까

소라의 빈집

파도에 밀려 모래톱으로 왔다

끝 모를 노숙의 시간 속에
문을 활짝 열고
누군가를 기다린다

나선형 방안에 노을 한 점 들이고
곱게 단장한 저 빈집
아무도 눈길 주지 않는 모래 위에
덩그렇게 놓여 있다

한때는 누구의 아늑한 보금자리
밀려오는 파도에
뼈가 하얗게 삭아간다

기다림에 지친
소라의 빈집

이팝나무

길게 늘어선 이팝나무 가로수
하얀 꽃을 이고
오가는 이의 발목을 잡는다

벚꽃 개나리 라일락이 다녀간 빈자리에 앉아
남은 봄을 펼친다

바람에 너울너울 흔들리는 꽃송이
가마솥에 갓 지은 흰 쌀밥이다

한술 푹 떠먹으면
허기진 배가 금방 부를 것만 같은 이밥
그 앞에 서면
어릴 적 보릿고개가 불현듯 생각난다

풋바심으로 긴긴 하루해를 넘던
새까만 눈동자
보이지도 않으면서
넘어야만 살아남는 고개

<
뒷산 재 너머엔
뻐꾸기가 서럽다고 울었다

다보록이 피어
봄을 밝히고 선 이팝나무 가로수

모과의 착각

못 생기면 먹히지 않으리라 믿었던
생각이 어리석었다

황금빛 얼굴에
얼룩덜룩 검버섯 피우면
사람들이 지나칠 줄 알았다

향기를 꼭꼭 숨겨도
자꾸만 빠져나간다

그 안에 품은 향긋한 냄새를
눈치 빠른 사람들이
지나칠 리 없다

약으로
어느 식탁 방향제로
팔려나간다

서서히 피를 말리며
남은 향을 흘리고 있다

늦깎이

강낭콩만 한 연분홍 꽃봉오리
발목을 잡는다

문화원 오르는 돌계단 아래
숨어 핀 영산홍 꽃봉오리 두엇
이우는 가을볕에 온몸을 의지하고 있다

풀벌레 소리 멀어지고
가까이 있던 하늘이 저만치 달아나는데

어디서 길을 잃고 헤매다 이제 왔나
나를 보자 수줍은 듯 어쩔 줄 모른다

수없이 길을 잃고
때를 놓쳐 힘들었지만
얻는 것도 많았다

뒤늦은 길에도 꽃은 핀다

제2부

오월의 보리밭

뒷산 뻐꾸기 울음소리
산골에 외로운데

훈풍에
일렁이는 보리밭

바람이 그림을 그리면
보리밭은 지우면서

봄날은 깊어간다

봄나들이

봄기운 도는 탄천 냇가
오리 가족이 나들이 나왔다

겨울잠이 덜 깬 냇물
비단결로 흐르고
물속엔 거무스레한 잉어가 어슬렁거린다
어디서 왔는지 까치 한 쌍도
주위를 두리번거리며 목을 축인다

봄볕 따스한 오후
키 작은 수양버들이 연둣빛 그늘을 드리운 자리
오리 가족이 모였다

어린아이 주먹만 한 오리 새끼 다섯 마리
어미 곁을 맴돌며 헤엄을 친다

그러다 한 놈이 용기를 냈다
내를 가로질러 간다
잔 물결이 인다
가다가 노란 꽃가루가 보이면 잡아채기도 하고

자맥질도 한다
어미의 시선이 팽팽하다

때로는 얕게 소리 내어 흐르고
때로는 침묵으로 흐르는 냇가에
누가 사월을 부려 놓았다

불청객

한쪽 귓속이 부스럭거린다

팔순 넘도록 불평 한마디 없더니
이젠 힘이 든단다
소리의 가락이 엉키고
일상이 기우뚱거린다

어제와 오늘의 경계가 선명하다

하나이면서 둘인 몸
몸속에 또 다른 내가 있다
나는 시간을 초월하지만
몸은 시간에 순응한다

분수에 넘치는 것을 담으려고
몸을 함부로 부렸다

한평생 내가 하자는 대로 몸이 따랐지만
이제부턴 몸이 주인이다
집이 무너지면 안식처도 사라진다

<
뒤늦게 찾아온 불청객
쉬 떠날 것 같지가 않다
불편한 동행을 생각한다

고뇌하고 때로 타협하면서

어머니의 사돈지*

딸의 신행을 앞둔
이웃 아주머니가 다녀간 날 밤
어린 동생들이 곤히 잠든 머리맡
가물거리는 등잔불 밑에
어머니는 한지를 펴고 붓을 들었다

한번 가면 다시 돌아오기 어려운 신행길
그 길 어딘가에
딸의 고달픈 시집살이가 기다리고 있을 것이다

지그시 눈을 감은 어머니는
오래전 여읜 딸을 불러낸다
붓을 쥔 어머니의 손에 힘이 들어가고
흥얼흥얼 추임새도 따라간다

산 설고 물 선 곳
잡초처럼 뿌리 내려야 할 어린 딸
어미의 눈에서는 연신 눈물이 흐른다

칠흑 같은 밤에 금이 가고

멀리 새벽닭 우는 소리에 동이 트면
사돈지는 태어난다

두 어머니의 애간장이 녹아든
고이 접은 사돈지

* 새신랑이 신부 집에서 대례를 올리고 본가로 갈 때 신부 어머니가 안사돈에게 보내는 편지.

수첩 속의 그 이름

체온을 함께 나누며 지냈던 나날
수많은 인연을 몸속에 간직한 채
어느 날 서랍 한구석으로 밀려났던 수첩
밝은 세상으로 불려 나왔다

시간이 데려갔을까
빼곡한 글자 속에 빛바랜 이름 하나
깜장 물들인 무명 치마에
눈 같이 흰 저고리 동정

하굣길 냇가에서
물수제비뜨며
해 지는 줄 몰랐던 열 살

냇물 따라 흘러간 시간이
그 낡은 수첩 속에 남아 있다

이별

생각난다
당신이 떠나던 날이

안개비 속에
개나리 꽃망울 앞세우고
봄이 찾아오던 그날

당신이 떠난 자리에는
올해도 안개비 내리는데
내 눈시울이 젖네

못다 한 그대 향한
나의 사랑이
젖고 있네

정자와 은행나무

앞으로는 푸른 들
뒤로는 산기슭 왕대밭에 바람 이는 내 고향 돌목
몇 개의 돌계단 위 우뚝한 정자
한길을 사이에 둔 세 마을을 아우른다

농번기가 끝난 한적한 시골
긴 수염에 두루마기 자락 나부끼며
할아버지들이 모여들면
정자의 하루가 시작되었다

마루 한쪽에 바둑판이 벌어지고
훈수를 두다 말고 스르르 졸음이 오면
대숲에 이는 바람 소리 목침 삼아
단잠에 빠졌다

계절이 오가고 해가 거듭 바뀌면서
골목에 어린아이 웃음소리 사라지더니
굳게 닫힌 대문

바깥세상이 궁금한 듯

다보록한 연분홍 꽃가지로 담 너머를 기웃거리던
해묵은 백일홍 온데간데없고

온갖 풍상에 가지를 다 내려놓고
할머니 등처럼 나지막하고 둥그스름한
앞마당 은행나무
오백 년 세월을 견디느라
절반이나 빈 허리에 깁스를 한 채
이제는 잔가지에 방울 같은 열매 몇 알 달고
이울어진 가을볕을 붙잡고 있다

어느 날 우윳빛 꽃을 피운 왕대밭
기진맥진 쓰러지고
인기척이 끊어진 정자에는 먼지만 쌓인다

산그늘 따라 어스름이 깔리면
정자와 은행나무는 서로 기대어
오늘 하루를 건넌다

손을 꼭 잡아도 시간은 비껴가지 않는다

할머니의 외딴 집

희끗희끗 버짐 먹은
슬레이트 지붕 위
유월의 햇빛을 안고
신발 한 쌍이 몸을 말리고 있다

금이 간 빛바랜 벽
창문은 굳게 닫혀 있고
감나무 허리에 묶어 놓은 빨랫줄엔
집게가 햇볕을 물고 졸고 있다

인적이 끊어진 적막한 집
허리 굽은 할머니는
굽이굽이 지난 일 되새기며
깊은 잠에 빠졌나

햇빛 쏟아지는
슬레이트 지붕

감나무 잎만 무성하게
유월을 향해 뻗어 간다

봄을 묶는다

아파트 가로수 길이 초록으로 넘실거린다

쏟아지는 햇살
날로 짙어 가는 초록

라일락이 떠난 자리를
영산홍이 차지했다

시간이 봄을 관통 중이다

머무는 듯 가 버린
목련 벚꽃의 눈부신 초봄을
얼떨결에 놓쳐 버렸다

이 한철 남은 봄을
어찌 그렇게 떠나보낼까
마음 한 자락을 영산홍 가지에 묶는다

이루지 못한 꿈

초록이 밀려오던 사월 오일
사람들이 오가던 다리가 무너졌다

탄천을 가로지르는 정자교
다리에 잇댄 보행로 일부가 순식간에
오 미터 아래로 무너져 내렸다

맥없이 둔치에 주저앉은 느티마을 사거리 신호등
이음매를 칼로 벤 듯
새하얀 이빨을 드러낸 시멘트 자국
엿가락처럼 휘어진 가드레일과 철근
수도관과 검은 플라스틱 파이프가
너덜너덜 매달렸다

출근길에 나선
오월이 싱그러운 한 여인
일터로 가던 길이 마지막 길이었다

미용사 자격증을 앞세우고
언젠가는 내 가게를 갖겠다던 소박한 꿈은

속절없이 다리에 묻혔다

살가운 가족
호명할 시간조차 허락 받지 못한 채
그 먼 길을 어찌 떠났을까

차마 떨어지지 않는 발걸음이
잔해를 맴돈다

달포가 지난 현장
오후의 햇살이 연초록 잎새 위에 반짝이고
실바람이 초록을 흔들고 지나간다

가림막을 사이에 둔 농구장엔 아이들 공놀이 소리가 들리고
윤슬로 반짝이는 강 건너는
자전거 마니아들이 봄을 가르며 달린다
그새 사고를 잊기라도 한 듯

웃는 기와

천년의 잔해로 여기까지 왔다

둥글넓적한 얼굴
반쯤 감긴 눈
살짝 치켜세운 입꼬리

능란한 와공 손길이 다녀간 듯
거칠은 얼굴에 따뜻한 미소 번진다

천년 무게를 감당하느라
반쪽을 잃고서도
아랑곳하지 않는 저 미소는
부처를 닮았다

숱 많은 머리 가지런히 빗고
오늘도 흙빛 미소 머금은 채
다가올 천년을 또 기다린다

늦가을

멀리 휘어진 숲길

낙엽 구르는 소리가
겨울을 재촉한다

바람에 쓸리고
발에 밟혀 어디로 사라지는 것일까

푹 눌러쓴 모자
호주머니에 찔러 넣은 두 손
발아래를 내려다보며 걷고 있는
늦가을 같은 사람

어디서 와서 어디로 가는 걸까

떠나는 가을이 아쉬워
가을 한 자락을 물고 간다

봄에 떠난 냉이

겨울잠을 자는 휑한 들판
있는 듯 없는 듯 낮은 자세로
겨울을 나는 작고 볼품없는 냉이

언 땅바닥에 초록으로 널브러져
기진맥진 봄을 기다린다

봄이 오는 기척이 들리기도 전에
낌새를 챈 냉이가 기지개를 켠다

언 땅이 푸석해지고
톱니 같은 여린 이파리에 봄볕이 들자
서둘러 꽃피울 생각에
하루해가 바쁘다

하지만
노란 꽃을 피우기도 전에
뿌리째 뽑힌 냉이
어느 아낙의 소쿠리에 담겨
생이 끝나고 만다

＜

봄을 만나러
먼 길을 따라온 햇살이
쓸쓸히 돌아선다

겨우내 품었던 냉이가 사라지자
들판은 봄을 앓는다

잡념

어쩌다 틈이나
나무 그늘에 마음을 쉬고 있으려니
살그머니 고개 든
부질없는 생각

휘젓고 다니며
고요를 깨트린다

잊으려 눈 꼭 감으면
보란듯 다가서고
짓누르면 다시 솟는다

선선한 그늘도
내가 누운 돗자리도
거두어간다

불어오는 바람도 멈추게 하고
남아 있는 시간도 뺏어간다

허락도 없이 내 마음에

집을 짓고 눌러앉아
꼼짝도 하지 않는다

주인인 양
어느새 나를 차지하고 있다

위태한 하루

알맞게 여문 햇살이
초록 위에 반짝인다

연초록이 무르익는 계절

잿빛 아파트 단지 가로수 길에
벚나무 느티나무 은행나무가 어우러져
오월의 하루를 열었다

스치기만 해도 초록이 묻어날 것 같은
오월의 한가운데
어디서 날아왔는지 까치 한 쌍이 우듬지에 앉아
바람에 그네를 탄다

저 평화로움 속에 숨은 어둠의 그림자
재개발이 코앞이라는 걸
아는지 모르는지
나무는 또 하루치의 몸피를 키운다

모든 것이 너무 쉽게 사라지는 시대

여차하면 손발이 잘려
낯선 곳으로 이사 가든지
아예 폐기 처분될 위태한 목숨들

나무를 보며 생각한다

한 치 앞도 내다보지 못하면서
다 아는 척하는 한 사람
바보라는 걸 오늘 또 배웠다

어머니 강 母親河

태생은 칭하이성 쿤룬산맥
장장 5,464km 여행의 시작이다

깊은 계곡 들어서면
숨을 몰아쉬며 몸부림치고
끝 간 데 없는 황토 고원에 들면
참았던 들숨을 다 토해낸다

맑던 물이 황토 고원을 품으니
황하가 되었나
물 반 고기 반은 어디 가고
물 반 황토 반이라
백년하청百年河淸 천정천天井川이
내게 따라붙은 이름

홍수나 일으키고 토사나 유출하는
답이 없는 강
그래도 대지의 젖줄로 어머니 강이 되었다

서로 기대 부대끼며

살아가는 사람들 뒤로하고
발해만 코앞에서 긴 여정 끝내려
숨 고르고 있다

가마우지의 한숨

탄천 육중한 시멘트 보
폭우로 불어난 황톳물 완력 앞에
흔적도 없이 사라졌다

시멘트 조각 하나 남기지 않고
물 빗자루로 쓸듯 자취를 감췄다

수문 조절로 언제나 물이 그득하던 그곳은
가마우지 청둥오리의 잘 차려진 밥상

해가 서쪽으로 기울면
버드나무 숲으로 날아들던 가마우지
고픈 배를 채우고
물살을 가르다 지친
청둥오리 쉬어가던 곳

휑한 냇가
가마우지 한 마리 찾아왔다

검은 등 긴 부리에 짧은 꼬리

돌덩이를 딛고 서서
연신 고개를 갸우뚱거린다

사라진다는 건 순간이다
가마우지 한숨 냇물이 쓸고 간다

철마

삼단 같은 흰 연기 토하며
북으로 달리던 그때를 못 잊어하는가

보릿고개 허기진 강산 산굽이 돌아갈 때
힘겨운 듯 기적 울리며 달리던 그때를
아직도 못 잊어하는가

보따리 이고 허리 휜 아낙네
차마 떠나보내지 못했는가

왜 싸우는지도 모른 채
남북이 주고받은 폭탄에 주저앉은 철마
월정리역에 멈춰 섰다

포연에 멍이 들고 눈비 맞으며
검붉게 녹아내린 저 육신

텅 빈 간이역 철마 하나
아직도 제자리에 서 있다

<
철마야 이제 그만
힘차게 달려 보자

제3부

벚꽃 앓이

꽃잎이 진다
먼 길을 나서고 있다
한 열흘 하늘에 수를 놓더니
그 봄을 다 거두어 간다

무엇이 그리 급하길래
서둘러 가는가
바람도 빈 가지를 흔들고
멀리 사라진다

그렇게 내 곁을 떠나간
사람이 있었다
애써 잠재워 둔 상처
툭 건드려 놓고 간다

약이 듣지 않는 불치의 병
이 봄에 다시 도진다

내설악 단풍

한 그루를 보면
그냥 곱고

서로 어우러지면
눈부시게 아름다운

하지만 그 속에
이별이 숨어 있어
절정도 잠깐

그 가을 놓칠세라
밤을 달려
산으로 간다

휴전선 넘어

가을이 온다고
TV가 부산하다

휴전선을 넘어
단풍이 몰려온다

어떻게 오는 걸까

오는 걸 보려고
눈을 크게 떠도
오는 소리 들으려
귀를 긴장해도

아무런 기척이 없고

어느새
나는 가을 속에 있다

두만강에 서면
– 도문시를 끼고 흐르는 강

가을 두만강은
좁고 야트막하게 흐른다

냇물인 줄 알고
그냥 건너려 했더니
강이란다

그래도 건너보려 했더니
국경선이란다

물길 한가운데가
움직이는 국경선

강 건너 얼어붙은 산하는
문을 닫은 지 오래

밭 갈던 소가
마음대로 목 한번 축이지 못하는
금단의 강

<
가을볕도 울먹이며
국경을 서성인다

어머니의 한양가

새 이엉을 얹은 초옥들이
밝은 달빛 아래 교교하다

올망졸망 매달린 자식새끼 키우느라
오뉴월 땡볕 아래 콩밭 매느라
읍내 장 한번 못 가 본 시골 아낙들

가을걷이를 끝내고
잘 익은 알곡을 갈무리하고서야
굽었던 허리를 편다

동지섣달 긴긴 밤
집집마다 아이들이 아랫목에 발을 묻고 잠이 들면
우리 집 안방은 동네 아주머니들 차지
가물거리는 등잔불을 두고 빙 둘러앉으니
창호지 방문이 영사막이 된다

어느새 전기수*가 된 어머니 한양가를 펼치고
단종 애사를 불러낸다
어머니의 낭랑한 목소리가 달빛 타고 흐른다

<
고저장단을 넘나들며 청령포에 들어서니
터지는 탄성
밤새는 줄도 모르고 고개를 넘는다.

지금은 텅 빈 옛집
잡초 어지러운 뜰에 서서
어머니가 읽어 주는 한양가를 듣고 있다

*전기수傳奇叟: 고전 소설을 직업적으로 낭독하는 사람.

세 바퀴 리어카

리어카가 간다
도로변 보도 위를
허우적허우적 가는 리어카

지문이 지워지고 맨살이 드러난 두 바퀴
먼 길을 돌아온 흔적이다

리어카에 매달린 사람
등이 휘고 키가 줄어
손잡이가 높아졌다
이제 앞 바퀴가 되었다

해진 모자에 느슨하게 쓴 안경 너머
초점 잃은 눈동자
세 바퀴는 긴 그림자 끌고 간다
서로의 상처를 어루만지며
집으로 간다

오늘은 운 좋은 날
리어카에 매달린 검은 비닐봉지

또 하루 견딜 양식이 그 속에 들어있다
집으로 가는 길이 어둑어둑하다

들국화에게 묻는다

윤동주가 태어난 북간도 명동촌
야산 기슭에 자리한 작은 마을이다

산등성이는 말 등처럼 둥그스름하고
나무 한 그루 보이지 않는다

억새풀마저 자취를 감춘 민둥산
산새 소리 떠난 지 오래인 듯 적막하기만 한데
등성이 뙈기밭에는 누가 심었는지
옥수수가 가을볕에 익어 가고 있다

그 너머 구부러진 산골
여기저기 흩어져 묻힌 무명용사들
누구의 자식인지 이름도 없이 묻혔다

일제에 빼앗긴 조국을 되찾기 위해
추위와 굶주림에 시달리면서도
넘어지면 다시 일어섰던 용사들

찾아주는 이 없는 외진 골에 누워

가물거리는 고향을 더듬으며
지나는 바람에 편지를 띄우고 있나
머리 들어 하늘 보면 흰 구름이 일었다 진다

가만히 눈감으면 산하를 누비며 외치던
그들의 함성이 적막을 깨트린다

아무도 없는 빈산에
띄엄띄엄 핀 들국화가
무덤을 지키고 있다

그래도 가을은 온다

열대야를 딛고 선 초열대야
도시는 지금 불면 중이다
칠 년 기다린 매미 소리도 더위에 묻혔다

에어컨에 뒷베란다 선풍기마저 끌려 나오지만
힘이 부친 전기가
손을 놓아 버리니 덜덜거리다 멈춘다

서랍 속 부채가 불려 나오고
손 선풍기가 출사표를 던지지만
그 바람이 그 바람

안방 차지하고 연장전을 이어 가던 열대야
입추가 오자 기세가 꺾였다

어디서 오는지 가을이 기웃거린다
서늘한 바람이 설악산 정상에서 남하 중이다

섬돌 밑 귀뚜라미
슬슬 가을 채비를 하고 있다

입간판의 하루

누구의 허락을 받았을까
음식 메뉴로 단장하고
골목길에 버티고 섰다

출근길에 나선 이들에게
식사를 권해 보지만
과녁을 맞히지 못했다

퇴근길 허기진 군상들을 만나면
빛이 난다
곱창구이에 소주 한잔
거기에 시끄러운 세상사가 끼어들면
금상첨화

오늘은 입간판이 일당을 챙겼다
뒷전에서 재미 본 가게 아주머니

행인들 눈치 보며 슬금슬금
입간판을 인도로 자꾸 떠민다.

파도막이

뭍에서 태어나 항구로 왔다

5톤이 넘는 무게로 방파제의
살붙이가 되었다

동트자마자 만선의 꿈을 안고
다투어 출항하는 어선들

긴 행렬과 뱃고동 소리에
하루가 열리고
노을을 지고 돌아오는 어부의 등 뒤로
하루가 저물면
항구는 깊은 잠에 빠지고
파도막이는 홀로 방파제를 지킨다

잔뜩 찌푸린 날씨에
맹렬한 기세로 파도가 밀려오면
이때다 하고
파도막이는 온몸으로 맞선다
숨을 몰아쉬며 파도를 가르고 부순다

<
바닷물을 졸아붙이는 한여름 땡볕도
차디찬 겨울 바다도 마다하지 않는다

언제나 그 자리 바다를 응시한 채
방파제를 지키는 파도막이는
항구의 수문장

아픈 상처 꾹꾹 누르던
아버지 생각난다

리어카의 하루

모두가 집으로 돌아가는 해 질 무렵
어둑한 상가 입구에
리어카가 서 있다

팔다 남은 계란 두어 판 안고
배달 나간 주인을 기다린다

이 길을 얼마나 드나들었을까
온몸이 성한 데가 없고
바퀴의 지문마저 사라졌다

태어나면서
구르는 재주 하나로 달려왔지만
이제 더는 구르는 게 힘겹다

팔다 남은 계란 두어 판
집으로 돌아갈
리어카의 발목을 잡고 있다

매향

백운산 계곡
봄눈 녹는 소리에
순백의 매화가 흐드러진다

이 봄을 동여매고
청보리 베개 삼아
봄잠에 빠져 볼까

매향 맑은 골에
시름을 내려놓고
쉬엄쉬엄 놀아 볼까

파란 섬진강에
노을이 깃들면
텅 빈 가슴 가득
매향이나 담아 갈까.

가을의 뒷모습

발길이 뜸한 공원
빛바랜 의자 위로 낙엽이 진다

저 촉촉하고 농익은 가을 한 점
손을 놓치고 흐느낀다

이제 가을볕이 윤기를 거두고
바람이 일면
어디론가 길을 나설 것이다

가을은 이별을 몰고 와
제멋대로 풀어놓는다

이별을 건네주고
가을은 또 어디로 흘러가는가

돌아서 가는 가을의 뒷모습
어디선가 본 듯하다

<
그 여인의 뒤태를 본다

할머니의 소원

바닷바람이 찬
섬 마을 할머니 집

환갑이 다 된 하나뿐인 아들은 애물단지
몸은 건장하지만
어린애 같은 지체 장애인이다

할머니 손이 닿아야만
머리도 감고 밥도 먹는다

호미처럼 꼬부라진 몸
유모차에 기대 텃밭 다니고
고추 파종하다가도 통증이 오면
밭고랑에 드러눕는 할머니
두고 온 아들 생각에 다시 일어선다

아들 데려가려는 요양소 직원 돌려세우던 날
마른 눈물 훔쳤다

아들은 할머니의 생명 줄

자식 앞세우고 가는 게 소원이란다

어두운 밤 불 켜진 할머니 오두막집은
그래도 따뜻하다

봄이 오는 길목

일월 중순 한겨울에 봄소식이 날아들었다
새벽을 달려온 조간신문
제주 봄을 싣고 서울 집 대문을 노크한다
방안에 때 아닌 봄기운이 가득하다

멀리 잔물결 이는 푸른 바다
암회색 돌담 끼고 핀 샛노란 유채꽃
갓 세수한 여인네 얼굴처럼 산뜻하다

연둣빛 가녀린 가지에 올라앉은 꽃송이
어쩌자고 한겨울에 이리도 일찍 잠을 깨었나

입춘이 지나자
양산 통도사 뜨락에 홍매가 만발했다
제주 유채꽃이 속삭였나
부풀어 오르던 꽃망울이 더는 못 견디겠다는 듯이
일시에 터지고 말았다
발걸음도 조심스런 천년 고찰
홍매의 일격에 휘청거린다

그날 오후 서울의 매화가 이상하다
독립문 언덕배기 딜쿠샤* 가는 길
돌담 아래 여린 매화 가지에 막 당도한 봄이 앉아 있다

봄은 또 북으로 달려
철책 너머 그리움에 지친 겨레의 가슴을 어루만질 것이다

*문화재로 지정된 미국인 테일러 부부 가옥. 광산 기술자인 아버지를 도와 7년 동안 조선에서 광산 감독관, 연합통신 통신원으로 활동. 1942년 일제에 의해 추방 당함. 고종 국장, 3·1운동, 제암리 학살 사건, 독립 운동가의 재판 등을 취재. 문화재 지정. 2021 개관.

볕뉘

해가 서산마루에 걸리고
가을 산이 숨을 고른다

분주하게 돌아다니던 다람쥐
삭정이를 쪼아대며 먹이를 구하던 딱따구리도
집으로 돌아갔다

빈 듯한 가을 산

나뭇잎 사이로 사선을 그으며
볕뉘가 비친다
한 점 주머니에 넣으니
온기라곤 없이 미지근하다

어두워지던 산이 다시 깨어나고
초청장 없는 무대가 열린다

머무는 듯 볕뉘가 사라지면 막이 내리고
산은 이내 어둠 속에 잠긴다
하루의 완성 앞에 걸어온 삶을 생각한다

<
저무는 가을 산이 애잔하다

갯벌 단지

육지와 바다 사이
육지도 아니면서 바다도 아닌 갯벌
밀물에 바다 되고
썰물에 드러나는 질척한 땅

망둥이 집게 낙지 바지락 개불과 갯지렁이
수많은 굴집과 굴뚝 세운 집을 짓느라
하루해가 저문다

게는 집게발로 펄을 꼬집어 내고
조개는 비비면서 파고든다

하루에 두 번씩
파도에 쓸려간 집을 보수하느라 바쁜 갯벌 단지

그곳은 생명의 삶터

올망졸망 새끼 딸린 여인
오늘도 한쪽 무릎 꿇고 널배를 밀며
갯벌 위를 달린다

<
그곳에서 엎드린 무게를
저울에 달아 판다

작은 행복

대여섯 평 농장
주말 농부의 땀이 영글어 가는 일터다

금방 소나기가 다녀간 듯
촉촉한 열무가 제철을 맞고 있다

돌아서기 무섭게 자라는 잡초
이곳에선
주인의 손끝에 살아남는 건 없다

한나절 솎아 낸 자리
열무가 밤새워 몸집을 키우면
주말을 기다리는 마음도 함께 자란다

농장 표지판 위 면장갑 한 켤레
열무밭을 일구느라 온몸이 성한 데가 없지만
이제는 쏟아지는 햇볕에 꼬박꼬박 졸고 있다

노동의 고단함 뒤에 오는
달콤한 휴식

<
푸르게 어우러진 열무밭에
소박하고 따뜻한 밥상이 보인다

제4부

억새꽃

가을이
억새밭을 찾으니

무리 지어 피는
은빛 억새꽃

하나하나가
붓이 되어
하늘 향하니

파란 하늘이
다가선다
화선지가 되어

탄천 둔치

가을의 길목 느닷없는 물 폭탄에
신기교 아래 탄천이 신음한다

산책길 쉬어 가던 방부목 벤치
깔판이 뜯겨 나가고
어디서 왔는지 철제 의자가 뒤집혀 누웠다

세를 확장하던 키 큰 느티나무
우산살처럼 사방으로 뻗은 뿌리를 드러낸 채
간신히 버티고

사람들이 즐겨 찾던 산책로
여기저기 패고 물이 고였다

어깨를 나란히 걷던 연인들의 다정한 목소리
 어린아이 앞세우고 눈을 떼지 못하던 젊은 엄마
의 조심스런 눈초리
 바람을 가르며 달리던 자전거 마니아들의 질주
 산책길 마주치던 일상이 모두 사라졌다

기진맥진한 둔치
바람이 휘돌다 가고
가을볕이 달려와 상처를 어루만진다

지금 그곳은 생사의 갈림길
치유의 시간이다

신년 결심

새해를 맞은 지도 며칠이 지났다
시간은 그저 흐르는 것이라는 듯이

신년 벽두에 어김없이 높이 내걸었던 기치
저물녘 뒤돌아보면 언제나 빛이 바랬고 거품이 꺼졌다

눈뜨면 그날 맞을 일을 생각하고
소소한 일에 귀 기울이며
따뜻한 저녁을 맞이하기로 했다

태산같이 높았던 꿈이
작은 언덕으로 내려앉아
힘들 때 등 기댈 수 있는 편안한 곳이 된다

쫓기기만 했던 발걸음이 사라지고
이제 한 발 두 발 내딛는 발자국이 보인다

사람들이 무심히 지나치는 언덕이
내가 숨 쉬고 기댈 수 있는 안식처다

<
일기장 첫머리를 비워 두기로 했다

고사목
– 주목

천년을 살고서야
짐을 내려놓고 싶어졌나
깊은 계곡 산등성이에
나목으로 우뚝 섰다

솟은 산만 보고 자라
기골이 장대하다

삭풍에 단단해진 몸매
하나같이 남쪽으로 뻗은 가지는
살아나기 위한 생존전략이었다

나직이 속삭이던 봄 산 진달래
등성이 넘나들며 침묵을 깨던
산새의 노랫소리
모두 꿈이었다

전봇대처럼 우뚝 선 마른 가지에
길 잃은 까마귀가 잠시 쉬어간다

＜
천년 세월이 빈 가지 끝에서
떨어질 줄 모른다

구도자

사방을 둘러보아도
보이는 것은 아득한 지평선

낙타 행렬이 느릿느릿 모래언덕을 넘고 있다

등에 짊어진 두 개의 혹
속눈썹이 길게 드리운 커다란 눈
무언가 말을 숨기고 있다

등에 짐을 지는 순간 낙타는 갈 길을 생각한다
목을 들어 지평선 너머 오아시스에 초점을 맞춘다
그 허기지고 고달픈 길을 걸어
오아시스에 다다라야 한다

그곳에서 살아 숨 쉬는 것은
낙타와 카라반뿐
무거운 침묵이 흐른다

사람도 낙타도 목마른 불모의 땅
돌개바람이 쓸고 지나간다

<

이정표가 없는 그곳은
생사의 갈림길
숱한 바람은 그 길을 얼마나 오갔을까

등짐을 지고 숙명인 양
사막을 걸어가는 저 늙은 구도자

신기루가 사라진 지평선 위
노을이 붉다

간고등어 한 손

뭍에 올라와서야
제짝을 찾았다.

배를 가르고 만난 사랑
살 속에 꼭 품고 있다.

바다에서 못다 한 사랑
이렇게라도 이루겠다고
왕소금 뿌려도 놓지 않는다.

그래서 한 손이다.

억새밭에서

가을이 억새밭을 찾으니
억새 머리는 은발이 됩니다
가난한 가을 산을 품어 안습니다

나는 오늘 산등성이에 오래 누워 있는
아버지를 억새밭에서 보았습니다

다섯 자식을 등짐처럼 지고
돌밭을 일군 아버지

처진 어깨 휘어진 허리로
앞만 보고 뚜벅뚜벅 걸어갔습니다

자꾸 작아졌지만 한없이 큰 나무
흔들려도 쓰러지지 않았습니다

산등성이에 누워 별을 헤아리던 아버지
가을바람에 억새 보러 나왔습니다

대장간

봄을 여는 망치 소리
사립문을 넘으면
농촌의 하루가 시작된다

장터 골목 한쪽에 자리한 대장간
오일장이 서는 날이 장날이다

헛간에 먼지 뒤집어쓰고
겨울잠을 자던 농기구
하나 둘 마당으로 불려나온다

호미 낫 삽 괭이 쇠스랑…

이 빠지고 무디어진 것들
농부의 손을 잡고 대장간에 들어서면
화덕은 열기를 뿜어내고
야장의 손놀림은 빨라진다

찌든 수건 질끈 동여맨 검붉은 얼굴
팔뚝에 불끈 솟은 힘줄

불똥이 튄 흉터는
아무나 넘볼 수 없는 야장의 이력서

풀무질에 시뻘겋게 달아오른 쇠
집게로 모루에 올려놓고 내려치는 메질과
담금질 봄을 재촉한다

풍요로운 한 해의 농사를 꿈꾸는
농부의 얼굴이 환하게 핀다

손저울

시골 장터에 오일장이 서면
꾀죄죄한 얼굴로
시장 바닥에 불려 나온다

얼룩덜룩 녹슬어 가지만
왁자한 시장의 생기에 눈금이 올라가면
거래가 이루어지고
할머니 쌈지가 두둑해 진다

할머니와 동행한 길이 아득하다
이제는 무게를 감당하지 못하여
삐딱거리기도 한다

고장 난 저울을 두고
할머니의 손이 저울이 되었다

풀물 든 두툼한 손
지문이 없는 열 개의 손가락
오랫동안 길들여진 저 손이
저울보다 정확하다

<
할머니가 부르면 언제든 달려오는
눈금 없는 손저울

마지막 가을

추적추적
늦가을 비가 내린다
제 일을 다 하고 덤으로 내리는 비

가로수 길 가장자리로
작은 물길이 열리고
떨어진 단풍잎 하나
빗물에 실려 간다

슬며시 왔다 머무는 듯 떠난
가을이 두고 간 한때의 농밀한 흔적
배수구 거름망에 걸려 아슬아슬하다

한번 죽었어도
컴컴한 땅속으로 들어가기 싫어
안간힘을 쓰고 있다

마지막 비명이
빗소리에 묻힌다

계획

새해를 맞으면 연간 계획을 세우지만
공염불이 되고 만다

깃발을 너무 높이 들어서일까
며칠을 견디지 못하고 무너진다

해마다 세우지만 해마다 무너진다
양력에 무너지고 음력에 무너진다

이제부턴
계획 없이 출발한다
무너질 일도 없다

바람의 화선지

시간이 빚어낸 모래 입자
대낮 뜨겁게 달구어진 몸들이
한밤의 냉기에 움츠린다

생명을 거부하는 금단의 땅
사막에서 살아남은 건
해와 달과 별 그리고 바람

아무도 나서지 않는 모래사막
바람이 붓을 들었다

바다를 끌어다 놓은 듯
결 고운 물결무늬
바람이 밤새워 한 알갱이도 놓치지 않고
제자리에 그려 넣었다

하지만 하룻밤 지나면
젖무덤 같은 모래 언덕이 막아서고
바람은 흔적도 없이 사라진다

＜
유리알 같이 청명한 하늘 아래 펼쳐진
모래 알갱이들의 변신

사막은 바람이 꿈꾸는
지평선 화선지다

셔터를 내린 봉제 공장

물결무늬 파란 옷에
봉제 공장을 지키던 수문장
한 땀 한 땀 시간이 앉았던 자리마다
구멍이 숭숭 뚫렸다

박음질에 이골이 난 봉제공 잰 손놀림도
시다의 바쁜 걸음도 더는 보이지 않는다

빗물이 다녀간 자리마다
불그스름한 얼룩이 지고
단단한 솔기가 헐렁해졌다

바람이 간간이 다녀갈 뿐
인적이 끊어진 지 오래
한때 환하게 빛이 드나들던 저 문은
굳게 닫혀 있다

얼마나 많은 시간이 저 해진 틈을 드나들었을까
한 올 한 올 풀리는 시간을 껴안고 있는 저곳은
정지된 공간

<
어디서 왔는지
냉이 꽃이 기웃거린다

횟집 풍경

월미도 바닷가 횟집
산소 방울이 뽀글뽀글 올라오는 투명한 수조
넙치와 도다리는 바닥에 엎드리고
우럭과 오징어는 빙빙 돌고 있다

주방에는 칼을 받아 내는 도마가 기다리고
망치도 한 자리를 차지하고 있다

주문을 받고 뜰채가 들어오면
잡혀온 바다는 팽팽하게 긴장한다

시선이 꽂히면 바다는 순식간에 밖으로 끌려 나오고
도마 위에 펄떡거리는 횟감을 잡기 위해
먼저 망치가 다녀가고
도마는 죽음을 잽싸게 받아 낸다

내려치는 칼과 받아 내는 도마
치고 받아 내는 저 기막힌 궁합

＜

산 채 저며진 고기에 빈 접시는 금세 풍성해 지고
사람들이 둘러앉는다
죽음 앞에 선도를 음미하는 손님들

시간 가는 줄 모르고 들썩이던 횟집
지평선으로 해가 떨어지자
칼과 도마는 비린내를 지우고
제자리로 태연스레 돌아간다

산골 웅덩이

낙엽 지는 소리에
정적이 깨진다

가을이 지상으로 추락한다

새소리에 아침을 열던
미답의 계곡

때로는 잔잔하게
때로는 거친 숨소리로 흐르던 계곡 물이
찬 기운에 슬며시 잦아들면

낌새를 채고
제 모습을 드러내는 명경지수

다람쥐가 목을 축이고 돌아가면
흰 구름이 얼굴을 내민다

사람이 그리운 웅덩이

<
다가가자 와락
나를 껴안는다

통나무 의자

아직도 할 일이 남았나
나무라는 이름을 버리고
통나무 의자로 태어나
산자락 공원 한 자리를 차지하고 있다

어느 숲에서 자라다 여기까지 왔나
눈대중으로 툭 잘린 몸
수피도 벗지 못하고 듬성듬성 자리를 잡았다

나무 그늘 사이로 햇살이 내려앉고
지나던 바람이 안부를 묻지만
아무런 응답이 없다

사람의 왕래가 뜸한 곳
우두커니 앉아
하루를 건너고 있다

사람의 온기가 그리운 의자
잔등에 희끗희끗 버짐 꽃이 핀 채
오늘도 기다리는 저 모습이 나를 닮았다

＜

기다림은 불청객
어느 날 부지불식간에 내 안에 들어와
자리를 잡고 앉았다

안방에 들어앉아
잊을 만하면 호명한다

불청객이 주인인지
내가 주인인지

후회

가진 것 다 주고
넓은 하늘 어느 곳
깃털이 된 영혼

떠난 후 철이 들었다

되돌릴 수 없는 시간 속에
그가 살고 있다

저승이 얼마나 멀기에
한번 떠나면 기별이 없다

노을 진 서쪽 하늘
아득한 울음 남긴 채
사라지는 외기러기

그 울음 사발에 담아
머리맡에 두고 잠이 든다

해설

해설

한 아름의 보리밭

박동규(서울대 명예교수 · 문학평론가)

이규대 시인의 시심詩心에는 고향이 중심에 자리 잡고 있다. 이 고향은 태어난 곳일 뿐 아니라 한 핏줄을 이루며 살던 아름다운 낙원의 현실적 세계라고 할 수 있다. 그의 첫 시집 서두에 고향을 그리워하는 마음을 담은 시를 제시하며 이규대 시인의 인간다움의 근원을 밝혀두려 한다.

1. 삶의 행로行路와 자아의 정체성

이규대 시인은 수필가이며 시인이다. 그가 대기업에서 간부직을 물러나서 2014년 계간 수필 『문학의 강』에서 수필로 등단하고 다음해 2015년 월간 시전문지 『심상』에서 '신인상'을 받고 시인으로 등단했다. 그리고 그는 2020년 『나의 배냇저고리』 수필집을 출간하였다. 그의 문학가로서의 출발은 그의 생애 후반이라고 보여진다. 내가 그를 단 둘이서 만난 것은 시내에서 분당으로 가는 전철 안이었다. 우리는 나란히 앉아 짧은 시간 이야기를 나누었다. 그는 등산을 갔다가 돌아오는 길이라고 했다. 나는 그가 퇴직한 후 문학 수업에 열중한 것을 알기에 그에게 몇 가지 이야기를 물어보았다. 그는 차분하고 성실한 사람이었다. 그가 열중하게 된 이유는 여러 가지 있겠지만 아마 어린 날부터 품어온 야망 같은 것이 아니었나 생각한다. 그러다가 그의 수필집 서문을 읽게 되었다. 짧게 인용해보면 다음과 같다.

어느 날 어머니 생각이 났다. 낮에는 집안일로 눈코 뜰 새 없었지만 밤이면 사돈지도 쓰고 가사도 읊으시던 어머니. 한번은 안사돈끼리 설악산을 다녀오시고는 기다란 한지에 붓으로 '유산기행담'이라는 글을 쓰셨다. 그걸 기행문으로 엮은 적이 있다.
나는 그런 어머니 곁에서 자랐다. 실은 문학이 가까이 있었지만 나와는 상관없는 별세계라 생각하며 살아왔다. 그래서인지 글을 쓰려고 펜을 들면 그 많던 생각이 다 달아나고 결국 펜을 도로 내려놓을 수밖에 없었다. (『나의 배냇저고리』 서문에서)

그의 어린 날 어머니에게서 얻은 문학적 유산을 그의 『나의 배냇저고리』 수필집에서 배냇저고리가 가지는 그의 자아의 원형에 대한 인식은 그의 창작 생활에서 바탕에 깔린 인간적 혈연의 뜨거운 감성에서 출발하고 있다. 다음의 시를 보자.

> 쭈글쭈글하고 기다란 몸속에 감춰진
> 성긴 그물
> 몸을 열고 나오자 까만 씨 몇 점 품고 있다
>
> 장작불에 삶아 눌러 씨 빼고
> 말리는 노고 끝에 수세미로 태어난다
>
> 이제부터 부엌이 제집이다
>
> 좁은 공간에 갇혀
> 젖은 몸을 말릴 때도 언제나 음지
>
> 밀려드는 식구들 감당하느라

올이 죄다 늘어나도
올망졸망 살가운 밥공기 닦을 때는
시름을 잊는다

누렇게 빛이 바래고
기진맥진한 수세미

이 세상 뜬 후 소식 없는
어머니 생각난다

- 「수세미」 전문

 이 시는 수세미를 소재로 하고 있다. 수세미가 자라 잘 익고 나면 장작불에 삶아 눌러 씨를 빼고 나면 수세미가 된다는 수세미의 생성과정을 제시한다. 그리고 수세미가 만들어지고 수세미의 용처를 그리고 있다.
 시인은 수세미에 어머니를 투사하고 있다. 어머니의 삶은 수세미처럼 부엌에 묶여 있다. 밀려드는 식구들을 감당하느라고 올이 다 늘어지는 수세미 모양이 된다. 그리고 수세미가 부엌의 음지에서 몸을 말려야 하듯이 살가운 가족을 위한 밥공기를 닦을 때면 시름을 잊는 어머니이다. 누른 수세미가 빛이 다 바래진 것을 보는 순간 이 세상을 뜬 후 소식이 없는 어머니를 회상하며 그리워한다는 것이 이 시의 내용이다. 수세미의 용도와 어머니의 삶을 연관한 것은 가족의 식생활을 돌보느라고 부엌이라는 한정된 공간에서 고생하며 살아간 어머니의 고행을 가리키는 것이다. 이를 드러내 보여주고 싶어 한 시인은 부엌과 수세미 그리고 어머니의 삼각등식을 형상화한 것이다. 이의 바탕에 담긴 어머니에 대한 사랑이 이 시의 정조情操이지만 그보다도 더 중요한 것은 그의 어머니와 그의 관계에 대한 동질성에 관한 것이다. 이러한 관점에서 그는 어머니에게 매달려 있는 그가 핏줄로 연결된 '어머니의 자식'이라는 존재의식이다.

그는 '자아의 정체성'을 혈연이라는 보편적 인간관계에서 확인하고 이를 확대해가고 있다. 다음의 시를 보자.

한쪽 귓속이 부스럭거린다

팔순 넘도록 불평 한마디 없더니
이젠 힘이 든단다
소리의 가락이 엉키고
일상이 기우뚱거린다

어제와 오늘의 경계가 선명하다

하나이면서 둘인 몸
몸속에 또 다른 내가 있다
나는 시간을 초월하지만
몸은 시간에 순응한다

분수에 넘치는 것을 담으려고
몸을 함부로 부렸다

한평생 내가 하자는 대로 몸이 따랐지만
이제부턴 몸이 주인이다
집이 무너지면 안식처도 사라진다

뒤늦게 찾아온 불청객
쉬 떠날 것 같지가 않다
불편한 동행을 생각한다

고뇌하고 때로 타협하면서
- 「불청객」 전문

이 시인은 육체와 그를 움직이며 살아가야 하는 '나'와의 상이相異한 상태에서 빚어진 불협화를 주목하고 있다. 그는 의식세계에서 존재하는 자아와 다른 본능으로 확인되는 육체적 자아 사이에 세월에 따라 벌어지는 간격을 살펴보고 있다. '나'는 시간을 초월하지만 '몸은 시간에 순응'하는 나와 함께 살아가는 것이다. 이 시는 이명耳鳴현상에서 느끼는 불편이 세밀하게 그려져 있다. 그리고 이 불편은 그가 집이라고 부르는 생명의 시간에서 이제는 몸이 하자는 대로 따라가야 하는 것에 순종해야만 하는 '늙음'의 의미를 몸과 자아와 타협하면서 살아가기를 다짐한다. 시인은 극히 단순하게 자신이 겪고 있는 시간의 흐름과 몸의 변화 그리고 삶에 대한 생각을 산문적 관점으로 기술하고 있다. 이 산문적이라는 표현은 그가 숨길 수 없고 비유할 수도 없는 절실한 현실적 자아를 통해서 현재적 자아를 찾아낸 것이다. 그의 시는 이처럼 꾸밈없이 소탈하게 시로 제시하는 점이 그만의 특징이다. 다음의 시를 보자.

누구의 허락을 받았을까
음식 메뉴로 단장하고
골목길에 버티고 섰다

출근길에 나선 이들에게
식사를 권해 보지만
과녁을 맞히지 못했다

퇴근길 허기진 군상들을 만나면

빛이 난다
곱창구이에 소주 한잔
거기에 시끄러운 세상사가 끼어들면
금상첨화

오늘은 입간판이 일당을 챙겼다
뒷전에서 재미 본 가게 아주머니

행인들 눈치 보며 슬금슬금
입간판을 인도로 자꾸 떠민다.
- 「입간판의 하루」 전문

  이 시에 등장하는 입간판은 평범한 인간이 사회 안에서 살아가는 일상을 내포하고 있다. 골목길에 버티고 서있는 입간판에는 음식메뉴라는 팔아야 할 대상이 들어있다. 그러다 허기진 이들을 만나서 음식점안은 분주해진다. 손님이 많으면 음식점 아주머니는 돈이 생긴다. 이 입간판의 역할은 세상살이와 같다. 사람들 눈에 띄어야 음식점에 손님이 차게 된다. 무엇을 가지고 세상에 나와 가진 것을 알리고 남이 이를 알아주어야 비로소 살아갈 수가 있다. 어찌 보면 입간판처럼 사람들에게 소용이 되는 것을 하고 살아가야 한다고 보고 있다.

2. 자연과 삶의 조화로은 융화의 세계

이규대 시인은 자연을 통해서 인간과 삶의 행태를 찾아 이를 형상화하고 있다. 특히 시간이 주는 자연의 변화나 자연이 빚어내는 형상을 통해서 얻는 영감을 진실한 삶의 가치로 의미화 하려는 의도가 있다. 다음의 시를 보자.

> 한 그루를 보면
> 그냥 곱고
>
> 서로 어우러지면
> 눈부시게 아름다운
>
> 하지만 그 속에
> 이별이 숨어 있어
> 절정도 잠깐
>
> 그 가을 놓칠세라
> 밤을 달려
> 산으로 간다
>
> — 「내설악 단풍」 전문

이 시는 간명하다. 내설악 단풍이 눈부시게 아름답게 물들어 있다는 자연의 풍경이다. 이 단풍의 시기에 시인은 '한 그루'와 '서로 어우러지면' 두 부류를 나누어 보여 준다. 즉 한 그루는 곱지만 서로 어우러지면 눈부시게 어울려 있음의 아름다움을 시인의 감각이 찾아낸 것이다. 이를 다른 뜻으로 해석해보면 혼자 있는 것 보다는 여럿이 모여 사는 것이 아름답다는 뜻으로 확대해 볼 수 있는 것이다. 이 시인은 아마 이웃과 사이좋게 사는 것을 상정했을 수 있다. 그리고 이 단풍이 가진 이별을 찾아내고 있다. 단풍의 아름다움의 절정도 잠깐이며 곧 이별해야 하는 것임을 말하고 있다. 이는 단풍만이 가진 이별이 아니다. 사람에게도 절정이 있고 이 절정 뒤에는 이별이 기다리고 있는 것이다. 시인은 이 이별이 오기 전에 절정이 주는 기억을 간직할 수 있도록 더 산으로 향하는 것이라고 한다. 이 시가 단풍의 아름다움과 사람의 아름다움을 함께 병치시켜놓고 있는 것은 바로 단풍 안에서 인간의 삶의 아름다움을 오버랩하고자 한 의도라고 보인다. 다음 시를 보자.

천년을 살고서야
짐을 내려놓고 싶어졌나.
깊은 계곡 산등성이에

나목으로 우뚝 섰다

솟은 산만 보고 자라
기골이 장대하다

삭풍에 단단해진 몸매
하나같이 남쪽으로 뻗은 가지는
살아나기 위한 생존전략이었다

나직이 속삭이던 봄 산 진달래
등성이 넘나들며 침묵을 깨던
산새의 노래 소리는
모두 꿈이었다

전봇대처럼 우뚝 선 마른 가지에
길 잃은 까마귀가 잠시 쉬어간다

천년 세월이 빈 가지 끝에서
떨어질 줄 모른다

― 「고사목」 전문

산에 외롭게 선 고사목을 주목하고 있다. 세월과 함께 견디어 온 나무는 이제 나목으로 남아 있다. 이 시는 고사목의 빈 가지에 걸린 천년 세월의 흐름을 형상화하고 있다. 산에 살다가 고사목으로 말라버린 생명의 긴 여정을 그려내고 있다. '천년을 살고서야' 생명의 무거운 짐을 내려놓고 싶어졌는지 나목으로 남았다. 그리고 '솟은 산만 보고 자라' 기골이 장대하다는 시인의 관점은 산과 나무의 합일된 형상을 의미하고 있다. 이 합일의 아름다운 형상의 과정은 나무가 적응해야 했던 자기변화의 역사라고 할 것이다. 즉 '삭풍에 단단해진 몸매' '하나같이 남쪽으로 뻗은 가지'는 바로 생존의 길이다. 나무는 이 생존의 길에서 '나직이 속삭이던 봄 산 진달래'와 '등성이 넘나들며 침묵을 깨던 산새의 노래'는 꿈같은 행복의 시간이다. 이제 고사목 마른 가지에 까마귀만 잠시 쉬어가는 휴면의 시간이지만 천년 세월이 생명의 역사로 빈 가지에 매달려 있다고 본다. 시인이 그려낸 고사목의 산과 나무의 오랜 융화의 시간이 비록 세월이 흘러가도 그 여정의 장엄하고 아름다운 생명이기를 그대로 지니고 있다는 점을 보여준다. 이 시인의 시에는 '고사목'처럼 생명의 의미와 역사적 가치를 밝혀주는 시편들이 더러 보인다. 이는 시인 스스로 살아온 길에 대한 회고를 통해 극복하고 체념하고 돌진하고 했던 역경과 행복했던 순간들의 의미를 확대 혹은 축약하여 담고자 한 것으로 보인다. 다음의 시를 보자.

꽃잎이 진다
먼 길을 나서고 있다
한 열흘 하늘에 수를 놓더니
그 봄을 다 거두어 간다

무엇이 그리 급하길래
서둘러 가는가
바람도 빈 가지를 흔들고
멀리 사라진다

그렇게 내 곁을 떠나간
사람이 있었다
애써 잠재워 둔 상처
툭 건드려 놓고 간다

약이 듣지 않는 불치의 병
이 봄에 다시 도진다

- 「벚꽃 앓이」 전문

  이 시의 중심된 내용은 벚꽃이 덧없이 봄을 가버리게 하고 속절없는 벚꽃의 시간이 '내 곁을 떠나간 사람'에 대한 아쉬운 그리움에 벚꽃 앓이를 하게 된다는 것이다. 아쉽게 가버리는 벚꽃의 낙화는 봄이라는 계절이 올 때마다 지워지지 않고 덧없이 가버린 사람을 그리워하게 된다는 것이다. 이 시는 봄과 벚꽃이 빚어내는 아쉬움의 영역에 한 사람에 대한 회상을 접목시켜 놓았다. 이 시인은 이처럼 자연에서 얻는 감성적 인상을 잘 조화하여 자신의 삶에서 접합시켜 놓는 것이 그만의 독특한 창작방식이라고 할 수 있다.

3. 휴머니즘의 해독과 어머니를 통한 생명가치

멀리 있던 봄이 내 뒤뜰까지
걸어왔다
언 땅이 푸석해지고 봄 냄새에
냉이 돋는 소리가 들리면
가슴이 엔다

잃어버린 입맛을 돋우려고
텃밭에서 캐 온 냉이를
뚝배기로 보글보글 끓여주던
아내가 보이지 않는다

시장에 가서
냉이를 사다가 국을 끓이면
향긋한 냄새가 오래전에 떠난
아내의 냄새 같다

<
아내 치맛자락 같은 아지랑이가
눈앞에서 아른거린다

봄이 왔는데 둘러봐도
나의 봄은 없다

― 「냉잇국」 전문

 이 시는 봄이 가까이 오면 언 땅이 푸석해지고 화자인 '내'가 살고 있는 집 뒤뜰까지 봄기운이 밀려오면 냉이 돋는 소리가 들린다는 모티브로 시작하고 있다. 이 냉이는 아내가 있을 때에 '텃밭에서 캐 온 냉이를 뚝배기로 보글보글 끓여'주었지만 아내가 떠나고 나서는 아내의 부재로 인한 허무감을 가슴깊이 느끼고 있다는 뜻이 담겨 있다. 그러면서 그에게는 냉이를 가져다 향긋한 냄새가 나는 냉잇국을 끓여도 아내가 없는 외로움은 짙어가고 '아내 치맛자락 같은 아지랑이'만 눈앞에 아른 거린다고 고백한다. 이 시에서 시인은 아내가 있을 때의 봄만이 그에게 봄을 느끼게 하는 것임을 밝히고 있다. 우리가 자연과 친화에서 감각이 주는 심리적 반응의 여운에 따라 그 관계의 밀접성이 달라진다는 점을 보여준다. 시인은 그의 감성에서 건져 올린 사물의 느낌을 추억하고 이 추억은 바로 사물이 매개가 된 정서적 환기를 드러내 보여주고 있다. 먼저 간 아내를 기억하는 것과 아직도 사랑하는 것은 사물이 주는 감각적 특성을 확인한다는 점을 보여준다. 그의 시가 특별한 점은 이러한 사물이 지닌 정서적 환영을 세밀하게 드러내 보여주는 기법이 특출함에 있다고 할 것이다. 다음 시를 보자.

새 이엉을 얹은 초옥들이
밝은 달빛 아래 교교하다

올망졸망 매달린 자식새끼 키우느라
오뉴월 땡볕 아래 콩밭 매느라
읍내 장 한번 못 가 본 시골 아낙들

가을걷이를 끝내고
잘 익은 알곡을 갈무리하고서야
굽었던 허리를 편다

동지섣달 긴긴 밤
집집마다 아이들이 아랫목에 발을 묻고 잠이 들면
우리 집 안방은 동네 아주머니들 차지
가물거리는 등잔불을 두고 빙 둘러앉으니
창호지 방문이 영사막이 된다

<
　　어느새 전기수가 된 어머니 한양가를 펼치고
　　단종 애사를 불러낸다
　　어머니의 낭랑한 목소리가 달빛 타고 흐른다

　　고저장단을 넘나들며 청령포에 들어서니
　　터지는 탄성
　　밤새는 줄도 모르고 고개를 넘는다.

　　지금은 텅 빈 옛집
　　잡초 어지러운 뜰에 서서
　　어머니가 읽어 주는 한양가를 듣고 있다
　　　　　　　　　　　－「어머니의 한양가」 전문

 이 시는 산문시처럼 스토리가 중심이 된 어머니에 관한 이야기가 소재로 담겨있다. 이 시에서 주인공은 어머니이다. 어머니는 동네 아주머니들이 안방에 모여 앉으면 고전소설을 직업적으로 낭독하는 전기수가 된다. 어머니의 일생이 아이들을 키우느라고 읍내 장터에 한 번도 변변하게 가보지 못하고 오뉴월이면 콩밭을 매고 동지섣달 긴 밤이면 안방에 가물거리는 등잔불을 밝혀두고 동네 아주머니들에게 옛 소설을 낭독해주던 어머니의 모습을 떠올리고 있다. '지금은 텅 빈 옛집 잡초 어지러운 뜰에 서서 어머니가 읽어 주는 '한양가'를 듣고 있다고 한다. 이 마지막 '한양가'는 아마 어머니의 감추어진 '꿈'이 아니었을까 생각한다. 이 시가 눈에 띄는 점은 이 시인이 지닌 어머니에 관한 회상의 중심에 어머니가 지녔던 문학적 소양에 대한 흠모가 있다. 그리고 비록 시골에 살았지만 동네 아주머니들과의 인간적 교류의 한 방법이었던 인간의 삶을 이해하는 모임을 꾸려가던 어머니는 이 시인에게 휴머니즘의 폭 넓은 정신을 가지게 한 것이라고 보인다. 뿐만 아니라 이 시인은 또 다른 삶의 동반자였던 아내와의 삶에 대한 추억이 그를 보다 깊이 있는 서정적 자아를 찾아내고자 하였다. 그의 시에는 서정적 감성영역이 짙게 깔려 있다. 특히 가족관계를 소재로 한 시에서는 더욱 강하다. 이는 그가 시의 원형으로 삼고자 한 시의식의 중심에 감성적 촉각에서 우러나는 정서적 형상이 떠나지 않고 있기 때문이라고 할 것이다. 그의 가족사랑에 관한 시를 읽을 때면 그가 얼마나 진실하게 가족과의 사랑을 영위하고 있었는가를 선명하게 보여준다. 이는 이규대라는 시인이 그의 가슴에서 우려낸 사랑의 아름다움 때문이었다고 할 수 있다. 다음 시를 보자.

생각난다
당신이 떠나던 날이

안개비 속에
개나리 꽃망울 앞세우고
봄이 찾아오던 그날

당신이 떠난 자리에
올해도 안개비는 내리는데
내 눈시울이 젖네

못다 한 그대 향한
나의 사랑이
젖고 있네

— 「이별」 전문

  이 시는 시인의 아내가 세상을 떠나던 이별의 기억을 보여주고 있다. 그날은 개나리 꽃망울을 앞세우고 봄이 오던 날이다. 이 날에는 안개비가 내리고 있었다 라는 봄의 풍경만 선명하게 드러나 있다. 그의 심정을 드러내는 '나의 사랑이 젖고 있네'는 만감을 느끼게 한다. 그의 첫 번째 산문집에서 '아내의 빈자리'를 보면 운문으로 된 글을 발견할 수 있다.

'생각난다 /당신이 떠나던 날이 //안개비 속에 / 개나리 꽃망울 앞세우고 /봄이 찾아오던 그날 // 당신이 떠난 자리에 /올해도 안개비는 내리는데 / 내 눈시울이 젖네 // 못다 한 그대 향한 /나의 사랑이 / 젖고 있네//'라는 글이 담겨 있다. 시집에 실린 시와 같다. 이 동일한 시편을 두 번 수필집과 시집에 싣게 된 것은 큰 의미가 있다. 이는 그가 얼마나 아내와의 이별을 슬퍼하고 그가 다 하지 못한 사랑을 가슴 아파하는 것을 보여 주는 것임을 말해주고 있다. 이규대 시인에게 있어서의 삶은 가족이라는 울타리 안에서 살던 시절에 그 중심이 놓여 있고 이 중심에서부터 그의 생명가치의 모든 행위가 이루어지고 있음을 보여준다.

끝으로 이규대 시인의 시편들이 가지는 의미체의 중심은 진실한 사랑에 대한 고백이며 그가 기록하고 싶어 하는 생명이야기의 형상이다. 그러기에 그는 시적 형식의 굴레를 개의치 않고 마치 편지 쓰듯이 그의 정신과 감정이 빚어내는 가슴의 사연을 보여주었다. 내가 이 글을 맡은 지 너무 오래 되었다. 건강에 문제가 생긴 탓도 있지만 진실한 시를 시적 논리로만 보려고 애를 쓰다가 결국 나는 인간 이규대와 시인 이규대의 상관을 그의 고매한 성품과 인간사랑의 폭으로 표준을 삼고 그의 시를 읽어나가 길을 찾았다. 작은 해설이지만 이규대 시인의 시가 가슴에서 우러나온 아무 가식 없는 노래라는 것을 밝혀준다. 문운을 빈다.